Pensaba que este iba a ser un verano tranquilo, muy parecido a los otros veranos, pero no.

Os lo cuento desde el principio:

Vivo en Valencia, en el bloque dos de un conjunto de siete bloques. En total vivimos aquí más de mil personas, por lo que ya parecemos un pequeño pueblecito.

No nos conocemos todos, pero en verano, la piscina comunitaria se convierte en el lugar de encuentro. A veces lo de bañarse es lo de menos. Tomamos el sol, charlamos y nos vamos relacionando. He visto, escuchado y observado de todo un poco; resbalones, caídas, chistes, fiestas, grandes proyectos, historias interesantes, gritos, saltos espectaculares, de todo...

Este verano ha sido especialmente caluroso; el agua estaba algunos días tan caliente que casi podíamos echar fideos o arroz para hacernos una buena sopa.

La piscina permanece abierta las 24 horas del día. Ha sido, sin duda, la salvación de la ola de calor que hemos padecido y de esas noches en las que apenas se podía dormir. Diréis que exagero, pero una mañana en mi terraza, pude freír un huevo sobre la barandilla metálica.

Es el verano en el que más gente de los bloques he podido conocer. He cenado con familias, he merendado y cantado, he comido arroces y tomado buenos helados, he escuchado ideas, viajes y experiencias verdaderamente bonitas.

Me gustan mucho los animales. Desde hace dos años, tengo en casa un conejito llamado Brother. Es de color canela y, aunque aún es un poco asustadizo, empieza a demostrarme mucho cariño, se acerca siempre al sofá para que lo acaricie. ¿Os gustan los animales?

Aquí os dejo un espacio por si podéis imaginar a Brother
y os apetece dibujarlo.

También tengo un camaleón desde hace unos meses. Unos amigos lo encontraron a punto de morir deshidratado y abandonado en un campo de naranjos, por eso decidí cuidarlo.

No puedo entender a las personas que abandonan o maltratan a los animales. Os pido que vosotros y vosotras nunca lo hagáis.

Come bichitos vivos, como saltamontes y grillos, y bebe agua de la superficie de hojas y plantas, por lo que le he instalado una fuentecita para que nunca le falte el agua. Se está recuperando y ha crecido. He podido comprobar dos cosas: que es cierto que cambia de forma y de color, y que cuando lanza su larga y pegajosa lengua para cazar, no falla nunca.

Le llamamos Chispa. También puedes imaginar
y dibujar a nuestro camaleón.

El verano avanzaba con normalidad hasta que sucedió algo que lo cambió todo. Una noche especialmente calurosa bajé a la piscina. Eran las 3 de la madrugada y estaba completamente solo.

Me puse a mirar las estrellas, me encanta mirarlas. Me venían recuerdos de mi niñez, cuando con mi madre mirábamos las lucecitas de pequeños aviones cruzando el cielo. Realmente fue una noche preciosa. Muchas veces las estrellas fugaces atravesaban el espacio.

De repente, una potente luz se acercó y se alejó varias veces. Podía tratarse de un dron o incluso de un helicóptero, pero me extrañó su enorme velocidad y su silencio. Un poco asustado, salí corriendo de la piscina y subí a casa.

Pasé algunos días sin querer bajar, pero la curiosidad y una cierta atracción me hizo volver otra madrugada. Todo estaba tranquilo, así que decidí darme un baño. El agua estaba templada.
La enorme luz volvió a aparecer. Esta vez se paró encima de la piscina y comenzó a brillar y a cambiar de colores.
Era impresionante. A la misma velocidad con la que apareció, se marchó sin dejar ni rastro.

¿De verdad esa extraña luz venía a observarme? ¡No podía creerlo!

Lo cierto es que esa noche apenas pude dormir y no me quitaba de la cabeza tan misteriosa aparición. Dudaba si contárselo a alguien, pero pensé que me tomarían por loco.
Decidí permanecer en silencio.

Algo interior me animó a volver a bajar una vez más. La luz regresó apenas me metí en el agua e inconscientemente pronuncié un tembloroso "Hola". Aunque realmente no escuché nada, en mi interior resonó una respuesta que me decía también "Hola".

Aunque me temblaban las piernas, pregunté: "¿Quién eres?". De nuevo, esa voz interior me dijo "Soy X3" y, velozmente, desapareció. Estuve un buen rato inmóvil sin apenas poder respirar, preguntándome cómo me había sucedido algo así, pero a la vez sentía muchas ganas de que volviera a pasar.

Ni corto ni perezoso, a la noche siguiente ya estaba esperando en el agua la extraña visita. Esta vez ni la vi venir, apareció de golpe. Dije: "Hola, X3. Me llamo Jorge", y escuché de nuevo una voz interior que me decía: "Hola, Jorge. Me alegro de volver a verte".

¿Cómo era posible? Alguien me hablaba desde aquella luz que, al acercarse, parecía ser una extraña nave de colores.

Pregunté: "¿De dónde vienes?". Y las luces empezaron a parpadear y a brillar todavía más, como si estuviera pensando la respuesta. Entonces pude escuchar una voz muy suave que me decía: "No sé explicarlo bien, pero de muy lejos".

Y fue aquí cuando comenzamos nuestra primera conversación. No sé lo que me empujó a hablar sin miedo con esa extraña nave, pero lo cierto es que dialogamos un buen rato:

—¿Por qué vienes a verme?

—No sé, doy muchas vueltas por el espacio y me gusta conocer lugares y personas nuevas.

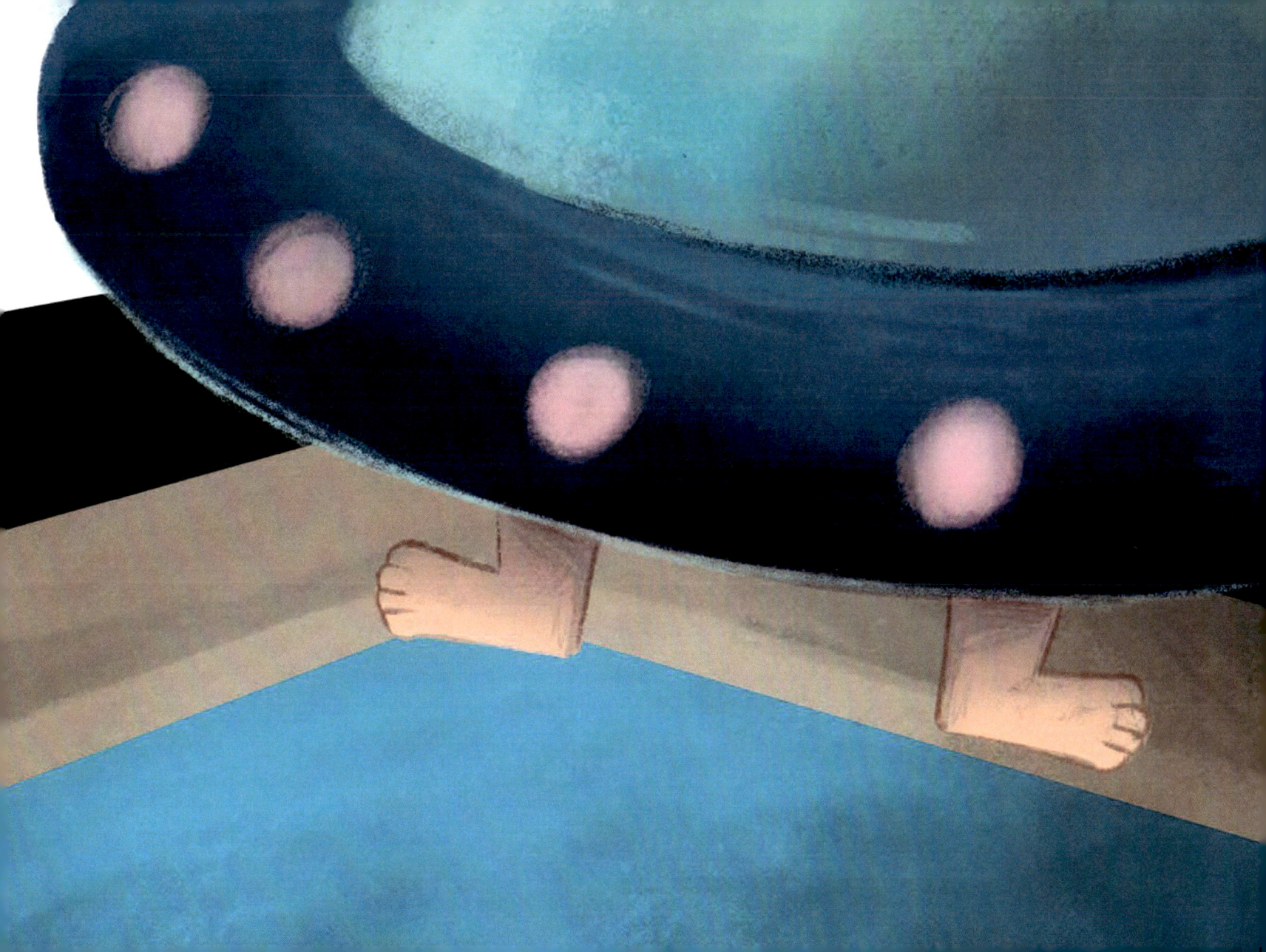

—A mí también me gusta viajar y conocer a más personas.

—Es la primera vez que hablo con alguien de este lugar.
¿Dónde estoy?

—Estás en Valencia, una ciudad de España.

—¿España es tu planeta?

—No, España es una parte de Europa. Uno de los continentes
de nuestro planeta llamado Tierra.

—El nuestro no tiene partes, es una pequeña bola
y ahí dentro vivimos todos.

—En serio, ¿entonces sois todos iguales?

—No exactamente. Hay niños y niñas, jóvenes, personas mayores y
personas muy muy muy mayores. Pero eso sí, igualmente importantes.

—¿Cuántos sois aproximadamente?

—Exactamente 12.314 habitantes.

—¿Tan poquitos, de verdad?

—¿Te parecen pocos? ¿Cuántos sois vosotros?

—En España somos algo más de 48 millones de habitantes, y en todo el planeta, algo más de 8.000 millones.

—¿Cómo es posible? ¿Tan grande es tu planeta?

—Síí, muy grande.

—Pues no debe ser nada fácil que os conozcáis todos. Nosotros sí nos conocemos y todos nos queremos.

—Pues qué suerte. Aquí es muy difícil, además, en algunas partes del planeta apenas vive gente y en otras, en cambio, millones y millones.

—¡Qué raro! En fin, me están llamando y tengo que marcharme de inmediato. Si quieres, otro día vuelvo.

—Claro, me gustaría mucho volver a hablar contigo.

Casi no me dio tiempo a terminar la frase, la nave desapareció a gran velocidad. Algo me había pasado porque volví feliz a casa y esa noche, dormí profundamente. Sentía que retornaba, de alguna manera, a mi niñez.

Durante unos días, no pude bajar a la piscina; llegaron lluvias y tormentas fuertes. En Valencia llueve pocos días, pero a veces con mucha intensidad. Apenas se podía salir a la calle. En casa estaba mejor, pero la verdad es que tenía muchas ganas de volver a ver a X3. ¿Qué sería de él?

Cuando volvió el calor y el cielo estaba despejado, bajé a bañarme. Vi aproximarse desde lejos una pequeña luz, creía que se trataba de mi amigo, pero pronto escuché un sonido totalmente reconocible; un helicóptero rondaba por toda la zona. Como el aeropuerto de Manises está muy cerca de mi casa, pensé que habían detectado la nave de X3 en los radares y que trataban de encontrarla. No sé si podéis creerme, pero en realidad deseaba que la nave no apareciera esa noche por el temor de que dieran parte e intentaran derribarla. Sin darme cuenta, había empezado a encariñarme con mi amigo extraterrestre.

Apenas diez minutos después de alejarse el helicóptero, la nave de X3 se acercó a la piscina. La encontré diferente, con menos luz y sin apenas color. Algo pasaba. Comenzó a abrirse lentamente una pequeña ventanilla y pude ver, por primera vez, el rostro de X3. Era bastante parecido a nosotros, con la cabeza y los ojos algo más grandes de lo habitual, sin pelo e incluso, me pareció advertir por su aspecto que se trataba de un niño o niña, lo que me sorprendió muchísimo. Transmitía bondad e incluso cariño, pero parecía triste como su apagada nave.

Le dije:

—Por fin te veo en persona y me alegro, aunque me preocupa verte así.

—Tienes razón. Estos días he visitado otros lugares de tu planeta y me he llevado una gran decepción. Por un lado, desaparece la naturaleza por incendios, contaminación y acumulación de plásticos y basura, y por otro, he visto mucha pobreza, odio, muerte y destrucción. Creo que ya no quiero volver más.

—Te entiendo perfectamente, te lo tendría que haber explicado antes. No en todas partes de la Tierra se vive en equilibrio con la naturaleza, y tampoco entre los propios seres humanos. Hablamos de un cierto estado de bienestar, pero no es verdadero cuando se intenta conseguir contra el medio ambiente. Hay diferencias y enfrentamientos de los unos contra los otros.

—Pero también te digo que muchas personas deseamos la Paz y tratamos de construirla en nosotros y en los demás. ¿Cómo lleváis todo esto en vuestro mundo?

—A nosotros nos pasó algo muy parecido. Llegó a tal punto la ambición y la lucha por el poder que nuestro planeta desapareció por completo. Solo pudimos salvarnos unas pocas familias saliendo en naves al espacio exterior, viajando para poder encontrar un planeta nuevo en el que poder recomenzar. Por eso somos tan poquitos y vivimos en un planeta tan pequeño.

—Caramba, sí que lo siento, de verdad. ¿Y si os vuelve a pasar?

—No lo creo. Hemos basado nuestra convivencia en el querernos, cuidarnos y escucharnos. Cuando algo va mal, perdonarnos. Somos una gran familia. Además, los muy muy mayores nos recuerdan con historias todo lo que nos pasó para aprender y no repetirlo. Nos animan a vivir pensando en nuestra felicidad y en la de los demás.

Los más mayores nos aportan sabiduría y los cuidamos mucho.

—Ojalá aprendamos de vosotros para prevenir y llegar a tiempo de construir un mundo mejor. Creo que los niños y las niñas pueden ayudarnos mucho en eso.

—Pues yo no lo tengo tan claro. He visto mucho egoísmo y a veces creo que no me han descubierto porque andaban mirando sin parar sus móviles y tablets.

—Ja, ja, ja, no exageres. Te aseguro que a muchos niños y niñas también les gusta leer, jugar, hacer deporte, ir al cine, al circo o al teatro. Les gusta la música, hacer excursiones, viajes, acampadas, conocer lugares muy hermosos y cuidarlos. Son verdaderos amigos y amigas del planeta. Te aseguro que serán capaces de cambiar las cosas, incluso ayudando a los que más sufren. Lo importante es intentarlo, día a día, entre todos y todas.

—Me consuela escucharte. Menos mal que te he conocido porque me temía que os pasara lo mismo que a nosotros. Había perdido las ganas de regresar.

—Tú también nos puedes ayudar, ya que viajas por todas partes. Puedes hacer llegar mensajes de Paz a muchas personas. Los necesitan. Por cierto, tengo una duda. ¿Eres niño o niña? Porque pareces muy pequeño o pequeña para conducir una nave como la tuya.

—En nuestro planeta no nos importa demasiado cómo somos. Somos personas, libres e iguales. Si me ves de poca edad, no te sorprendas porque, como viajamos por el espacio sin parar, nos enseñan a tripular muy pronto.

Como a vosotros a ir en bici o patinete, supongo. ¡Pufffff! Lo siento, me llaman de nuevo. Tengo que volver, pero me he alegrado mucho de poder hablar contigo.

—Yo también me he alegrado mucho. Verás como pasito a pasito las cosas nos irán mejor.

Sabíamos que volveríamos a vernos y así fue. Nos contábamos cada vez más cosas de nuestros respectivos mundos. A veces venía algo de desánimo, pero entonces recordaba experiencias que me contaban niños y niñas en la piscina. Unos imaginaban mundos, personajes e historias fantásticas; otros mandaban mensajes y dibujos de ánimo a personas mayores que apenas podían moverse de sus casas.

Algunos niños y niñas ayudaban a sus padres y hermanos en las tareas familiares. También conocí a personas que cuidaban a más de cien gatitos en su pueblo. A su vez, X3 me contaba lo bonito que era su planeta y cómo lo cuidaban entre todos y todas. Había nacido una amistad verdaderamente bonita.

Supongo que, con vuestra enorme creatividad, ya os habréis imaginado a X3 y su planeta, así que os dejo un nuevo espacio para dibujarlos como queráis.

Observé que, después de muchas conversaciones, de muchos encuentros, las visitas de X3 eran más breves y se iban distanciando en el tiempo. El verano llegaba a su fin. Ni corto ni perezoso, decidí comentárselo:

—X3, ya no nos vemos mucho. Igual te has cansado
de viajar o de hablar conmigo...

—¡Anda!, yo también pensaba lo mismo y por eso no quería molestarte. Nada de eso, lo que pasa es que me animaste a llevar mensajes de paz a muchos más lugares y así lo estoy haciendo. Estoy conociendo a mucha gente. Por eso, ya no podré venir tantas veces,
pero nuestra amistad está asegurada.

—Bueno, pues si ese es el motivo, me quedo muy contento.
Yo siento lo mismo y así, además, mucha gente tendrá
la misma suerte que yo de poderte conocer.

—Volveré a verte, y lo haré por sorpresa. Cuando menos te lo imagines.

—Me parece una idea estupenda, te estaré esperando.

Y así, amigos y amigas, fue como nos despedimos. Se acabaron las vacaciones, volvieron las clases y el trabajo, pero de forma muy distinta; con la certeza de que nuestra amistad sería para siempre.

Dejadme que os prometa algo antes de terminar esta historia. Cuando X3 vuelva por aquí en Navidades, Pascua o quién sabe cuándo, os lo contaré.

Mientras, besos y abrazos. Nunca dejéis de soñar.

© Jorge Sáez March (de la obra)
©Apuleyo Ediciones (de esta edición)
Primera edición en Apuleyo Ediciones: junio 2024
Diseño de cubierta: Sofía Corzo González
Corrección: Lorena Maestre Gregori
Maquetación: Domingo Carrasco Martín
Ilustraciones: Wilver Fuentes
Coordinación editorial: Isidoro Cidre González
info@apuleyoediciones.com
www.apuleyoediciones.com
ISBN: 978-84-1060-025-6
Depósito legal: H 630-2023

Hecho e impreso en España.